AF340773

Lieutenant **PETIT**

8ᵉ Régiment d'Infanterie

De l'Emploi tactique du Terrain

DANS LE COMBAT MODERNE

(Considérations Générales)

PRIX FRANCO : 1 FRANC

DROITS DE REPRODUCTION ET DE TRADUCTION

RÉSERVÉS

En vente : Imprimerie Monnoyer. — Le Mans.

Lieutenant PETIT

8ᵉ Régiment d'Infanterie

De l'Emploi tactique du Terrain

DANS LE COMBAT MODERNE

(Considérations Générales)

PRIX FRANCO : 1 FRANC

En vente : Imprimerie Monnoyer. — Le Mans.

De l'emploi tactique du terrain

dans le

Combat moderne

Le Fusil ou la Mitrailleuse, le Canon.

« La guerre est la seule raison d'être de l'armée. Elle doit constituer son objectif immuable, le rêve dont la grandeur idéalise de son reflet les humbles et obscurs travaux du temps de paix.

L'acte capital de la guerre, le plus noble par les sacrifices qu'il impose, le plus élevé par l'énergie qu'il implique, le plus difficile par les conceptions qu'il exige : c'est le combat. (Le dénouement de la lutte dont les marches ne sont encore que la préparation. Lieutenant-colonel OMÉGA, *L'Art de Combattre*.)

Sur le champ de bataille les Généraux orientent les troupes, les Officiers supérieurs les engagent, les Cadres subalternes les conduisent.

Si les mesures prises à tous les degrés successifs sont bonnes, elles assurent le succès ; mais l'habileté et l'énergie des échelons inférieurs, le courage des troupes peuvent parer à des dispositions même mauvaises et forcer la victoire.

Le rôle de chacun, à la guerre, n'est donc pas celui de l'inertie et de la passivité qui amollissent les cœurs et amènent la défaite, mais celui de l'initiative et de l'audace, qui grandissent l'homme et assurent le succès.

Tous les membres de la hiérarchie militaire, depuis le plus élevé jusqu'au plus humble, doivent être pénétrés de leur mission et du devoir qui leur incombe de s'y préparer corps et âme. » (*Préparation de la Compagnie au combat*, Capitaine de FONCLARE, instructeur à l'Ecole spéciale Militaire.)

La préparation à la guerre, disent en effet nos règlement, est « le but unique, l'objet unique » de l'instruction des troupes.

Mais l'instruction de la troupe et des cadres doit être essentiellement pratique et dégagée de toutes les données scientifiques.

Elle a, non seulement pour but la préparation de tous les chefs appelés à exercer le commandement des unités, groupes ou essaims, durant le combat, mais encore la formation complète du tirailleur dont l'initiative dans la section ou l'essaim est aussi nécessaire à développer que celle des différents groupes, en vue du rendement maximum de la fraction dans le tout.

« En ce qui concerne le développement et la puissance du feu des armes portatives on peut s'en faire une idée claire par les pertes énormes supportées dans les combats et par la proportion des pertes causées par le fusil, relativement à celles causées par les autres armes.

Cette proportion est de : 85 pour 100.

Ce pour cent était déjà le même dans les précédentes campagnes, en sorte que la valeur relative des armes n'a pas changé. » (Capitaine SOLOVIEF.)

De son côté, et confirmant la même opinion, le capitaine breveté NIESSEL nous dit dans *Enseignements tactiques découlant de la guerre Russo-Japonaise.*

« Les statistiques médicales sur les blessures sont encore insuffisantes pour permettre un jugement définitif ; mais celles qui ont été publiées jusqu'à ce jour attribuent 80 à 85 pour 100 des blessures à la balle d'Infanterie, 8 pour 100 à l'Artillerie et 7 pour 100 à l'arme blanche, qui produirait, si cela est vrai, un travail de destruction presque égal à celui de l'Artillerie. »

Enfin le Capitaine breveté d'Artillerie CULMANN, de l'État-Major de l'Armée, conclut dans *Le Canon à tir rapide dans la Bataille.*

« Malgré les progrès techniques de l'Artillerie, le feu
de l'Infanterie occupe le premier rang parmi les moyens
d'écraser l'ennemi et constitue le procédé de préparation
le plus puissant . . . .
. . . . Dans la guerre de Mandchourie, les pertes par
le feu du fusil ont été de 85 pour 100, par le feu du canon
8 pour 100, par les armes blanches 7 pour 100 ».

Bases de l'Instruction.

La pratique du terrain à acquérir par le tirailleur est
tout entière contenue dans l'exécution des prescriptions
suivantes :

« Pour tirer, le soldat doit chercher avant tout à voir,
puis à se couvrir ou à s'abriter, enfin à trouver un appui
pour son arme.

Il modifie sa position suivant qu'il trouve à appuyer à la
fois l'arme et le corps, ou qu'il peut seulement appuyer le
bras et la main.

L'Instruction relative à l'utilisation du terrain, se donne
toutes les fois que l'on en trouve l'occasion ». *Règlement
du 3 décembre 1904.*

« On doit, par un dressage soigneux et approfondi,
apprendre au soldat à reconnaître d'un coup d'œil rapide,
tous les avantages du terrain aussi bien pour tirer dans les
meilleures conditions possibles, que pour se mettre per-
sonnellement à l'abri. » (*Règlement allemand du 2 Novembre 1905.*)

— . . . et se porter d'un abri à un autre, cheminement
soustrait à la vue et au feu, si possible.

Cette pratique sera le résultat des exercices de détail en
terrain varié ; mais, avant toutes choses, il serait peut-être
avantageux de profiter des premiers tirs que le soldat exé-
cute pour lui montrer tous les avantages qu'il pourra tirer
du terrain, tant au point de vue du feu à produire lorsqu'il
sera en première ligne — emploi et conduite du feu — que
du cheminement à suivre ou du stationnement à choisir,
quelque soit le point du champ de bataille, où il aura à se
garer des balles ennemies — conduite sous le feu.

La tension extrême des trajectoires actuelles, en donnant aux moindres ondulations du sol une très grande valeur protectrice, favorise l'offensive, car c'est toujours dans la direction du feu et au delà du point où tomberont les balles, que se trouvera la zone défilée, l'angle mort permettant au tirailleur de s'arrêter pour reprendre haleine au cours de ses bonds successifs.

« Il est bien certain, cependant, que l'homme ne se trouvera jamais seul au combat ; tout au plus, envoyé en éclaireur, aura-t-il l'occasion d'une certaine initiative et de quelque responsabilité.

Aussi le dressage individuel du soldat en terrain varié a-t-il moins pour but de l'instruire pour lui-même que comme élément futur du groupe dont il fera partie.

Familiarisé avec les situations et les accidents du sol, comprenant le pourquoi des choses, il restera mieux dans la main de son chef, obéira plus vite ; il sera, somme toute, un instrument plus souple et en même temps plus redoutable.

C'est à ce but qu'il faut tendre.

Toute la préparation de l'homme pour le combat peut se résumer en quatre mots : se poster, tirer, cheminer, attaquer. » (Capitaine de FONCLARE.)

Marche et Stationnement sous le feu.

Le Général BONNAL relate, dans *Frœschwiller*, le fait suivant, rapporté par un Colonel prussien qui a assisté à la bataille comme commandant de compagnie, qui confirme la nécessité de l'expérience que nous demandons plus haut et qui serait simplement le résultat de tirs individuels prescrits et exécutés au cours de l'instruction, mais sur un emplacement approprié.

« Pendant que nous avancions, dit-il, quelques balles sifflant à nos oreilles, nous vîmes six hommes accroupis l'un derrière l'autre, derrière un arbre. L'arbre n'était pas assez gros pour cacher un homme ; le sixième était un sous-officier. Tout près de l'arbre, il y avait un pli de terrain derrière lequel les six hommes auraient trouvé un abri. »

D'autre part, un officier, présent en Mandchourie, nous dit, dans le *Rouskii Invalid N° 156*, au sujet de la valeur du terrain :

« Dès les grandes distances, 2000 à 1500 pas, il est difficile de porter en avant toute la chaîne à la fois, même si celle-ci ne comporte que 50 tirailleurs.

« A Gaotoulin, lors de l'attaque de nos positions par les Japonais, il leur fallait traverser un petit ravin battu par nous. La distance était de 1400 à 1200 pas de nos tranchées. D'abord les Japonais le franchirent par groupes de 20 à 30 hommes. Notre feu efficace leur mit beaucoup de monde hors de combat et ils se mirent à passer à la course par petits groupes de 3 à 6 hommes, se groupant ensuite dans un angle mort à l'abri d'une petite crête. »

Le Général LANGLOIS n'écrit-il pas également, dans *Questions de Défense Nationale*, pour affirmer la nécessité d'une bonne préparation :

« On cite une compagnie Japonaise qui fut presque entièrement anéantie dans l'exécution d'un seul bond en avant ; évidemment, il y avait là défaut de préparation ; ou le bond n'a pas été précédé d'un feu suffisamment intense pour forcer l'ennemi à s'aplatir pendant l'exécution du mouvement, ou le bond était trop étendu, ou bien il a été fait trop lentement et sans ensemble, ou enfin, la situation comportait un autre mode de progression, peut-être la marche par petits paquets. »

Le point capital, conclut enfin le Capitaine SOLOVIEF, c'est la préparation en temps de paix et ses lacunes se manifestent dans le combat.

Cette préparation, ajoute M. PIERRE-BAUDIN, est l'œuvre de l'Officier de troupe, c'est vers lui qu'il faut tourner nos regards ; il est l'ouvrier modeste et grand de la victoire de demain.

« Au combat, le bataillon manœuvrant autrefois d'un bloc, chaque soldat encadré entre ses voisins, l'ordre serré constituait la partie essentielle de l'instruction.

« Il n'en est plus de même aujourd'hui ; l'ordre dispersé, la nécessité de formation peu vulnérables et souples pour marcher à l'attaque imposent d'autres obligations universellement reconnues : habitude d'utiliser tous les abris du terrain, très grande initiative, non seulement chez les cadres mais chez les hommes eux-mêmes, maintien d'une excellente discipline.

Le but de l'instruction est complètement changé : aux exercices, dans les cours des casernes et sur les champs de manœuvre, doivent se substituer de plus en plus les exercices à l'extérieur, en vue de la guerre moderne.

L'instruction n'est donc pas simplifiée, bien au contraire, car elle est beaucoup plus compliquée que jadis, parce qu'elle doit donner à l'homme isolé, à l'individu, les moyens de se tirer d'affaire dans toutes les circonstances, et des qualités qui réclament une initiation assez longue en terrain varié.

Sous ce rapport, on peut affirmer que nos troupes, et beaucoup de troupes étrangères sont dans le même cas, sont encore dans l'enfance ; leurs habitudes n'ont pu se modifier assez rapidement et les difficultés qu'elles rencontrent pour parfaire leur éducation militaire au dehors rendent très ardue la tâche nouvelle et très lente l'évolution des méthodes d'instruction imposées par l'importance actuelle du feu. » (Général LANGLOIS.)

Nous lisons, en effet, dans les critiques des grandes manœuvres les plus récentes, exécutées aussi bien en France qu'à l'Etranger :

« Il semble que notre Infanterie a complètement perdu le sentiment de l'utilisation du terrain. Que l'on assiste à des manœuvres en Beauce, dans le Nord, l'Est, l'Ouest ou le Midi de la France, on est frappé de l'insouciance des cadres à ce point de vue.

Quelque soit le terrain où l'on se trouve, il est bien rare que l'on ne rencontre pas des cheminements ou des abris, mais nos fantassins passent à côté sans avoir même l'idée de les utiliser. » (Capitaine JIBÉ, breveté d'Etat-Major. *L'armée nouvelle, ce qu'elle pense, ce qu'elle veut.*)

« En général, dit ensuite *Le Journal* du 24 Septembre 1906, au sujet des grandes manœuvres du 2ᵉ corps, l'Infanterie semblait ne pas se douter de l'existence du règlement de 1904, n'appliquant même pas le règlement de 1875, elle était revenue aux alignements de 1869.

Les déploiements des Bataillons de première ligne se faisaient avec une insouciance absolue.

Le feu de l'adversaire ne comptait pas. D'ailleurs ne

répète-t-on pas encore à l'envi, dans tous les Régiments, que les enseignements de l'Ecole normale de tir sont de la blague à l'usage des ronds de cuir! On a affirmé une fois de plus cette conclusion sur le terrain en adoptant les formations les plus compactes et les plus vulnérables.

Les Compagnies ou les Bataillons de deuxième ligne, toujours en ligne de sections par quatre, à front étroit, n'hésitaient pas à serrer sur la chaîne, à moins de trois cents mètres, à tel point qu'on pouvait voir certain régiment entasser ses quatre bataillons sur une profondeur qui n'excédait pas quatre cents mètres à partir de la ligne de feu.

Franchement, n'est-ce pas de la plaisanterie?

En outre, presque jamais l'Infanterie n'a eu le souci de chercher un cheminement défilé.

Les terrains découverts étaient sillonnés comme les autres et l'on pouvait voir à son aise les dispositifs les plus massifs se promener à plaisir sur de vastes espaces nus comme la main, l'arme au bras, comme la division St-Hilaire à Austerlitz. »

Quant au Général Anglais French, qui a suivi les manœuvres du 2e corps, il traduit, de la manière suivante, ses impressions sur ce qu'il a vu :

« J'ai eu le regret profond de constater que, malgré son nouveau règlement d'Infanterie, qui est excellent, l'armée française ne tient que fort peu de compte des enseignements qui résultent de la guerre du Transvaal et surtout de la guerre Russo-Japonaise.

Les manœuvres de l'Aisne ont été, à ce point de vue, plutôt une parade à spectacle que l'image même approximative de ce que doit être la guerre moderne.

Cela est d'autant plus déplorable que le soldat français, par ses qualités d'initiative, a tout à gagner à l'emploi des méthodes nouvelles de combat qui sont déjà familières en d'autres pays, où le soldat est pourtant moins bien doué qu'en France.

C'est par cette critique, que je résume mon jugement sur ce que j'ai vu des manœuvres. »

C'est enfin la note du Général commandant la 35e Division d'Infanterie qui, en cours de manœuvres, vient nous rappeler à l'exécution des règlements et confirmer les opinions déjà émises.

« Au cours des manœuvres exécutées par les troupes de la 35e Division d'Infanterie, pendant les journées des 3, 4 et 5 septembre, le Général a remarqué qu'on ne se préoccupe presque jamais de profiter de tous les abris que présente le terrain pour se soustraire aux effets du feu de l'adversaire et diminuer les pertes.

Au lieu de ne quitter un couvert, que pour gagner un autre couvert et alors seulement que le mouvement en avant est protégé par le feu des unités voisines, il est arrivé fréquemment que des sections, des compagnies progressent sur des terrains entièrement découverts et paraissent n'avoir d'autre préoccupation que celle d'y maintenir un certain alignement.

Du feu d'un ennemi visible à quelques cents mètres, il n'est tenu aucun compte; et les sections, les compagnies s'avancent ainsi à découvert jusqu'à 100 — 50 quelquefois 30 mètres d'une ligne ennemie.

Il a été donné de voir ce spectacle, qu'on ne peut qualifier autrement que grotèsque, de deux troupes d'Infanterie, abritées ni l'une, ni l'autre, et échangeant des coups de fusil à 50 mètres.

Comment des officiers qui connaissent leurs règlements et qui, si on les interrogeait, expliqueraient très clairement comment doit progresser une troupe d'Infanterie, dès qu'elle est soumise au feu de l'ennemi, commettent-ils de pareilles fautes? C'est absolument inexplicable!

Quoi qu'il en soit, il importe que ces fautes ne se reproduisent plus; le Général ne veut plus avoir à faire de semblables observations. »

Si nous considérons maintenant les critiques des manœuvres impériales allemandes, de 1905 et de 1906, nous lisons, relativement aux premières dans *La Nationale Zeitung.*, (*France Militaire, 6 octobre 1905.*)

« On s'était attendu, en beaucoup d'endroits, à ce que les manœuvres fournissent l'occasion de voir notre Infanterie exécuter le combat offensif d'après les nouveaux principes tactiques qui doivent résulter de la guerre Russo-Japonaise.

On avait même annoncé qu'une brigade, celle du 7e corps,

avait été choisie en vue de présenter à l'Empereur les nouveaux procédés d'attaque.

En réalité, il n'en a rien été, ou, du moins, bien peu de chose et nous avons pu observer, comme les années précédentes, que le même esprit de vigoureux mouvements en avant qui grâce à Dieu, est passé dans la chair et le sang de notre Infanterie, reste vivace et soigneusement entretenu.

On pourrait toutefois recommander de tenir plus de compte dans l'offensive, de l'action puissante du feu des armes modernes, qu'on ne le fait en beaucoup de cas, de faire disparaître, de plus en plus, les lignes épaisses de tirailleurs et des soutiens, de faire dans l'offensive, un usage plus fréquent de la pelle à la mode japonaise et, avant tout, de se débarrasser de la routine et des procédés sans souplesse en usage, pour l'exécution des bonds qu'on voit encore de temps en temps. »

Le Colonel Gœdke, de son côté, nous dit des mêmes manœuvres :

« On nous avait beaucoup parlé, avant les manœuvres, de la tactique japonaise qui devait être mise à l'essai pendant ces trois jours.

En réalité, aujourd'hui, ni la tactique des Boërs, ni celle des Japonais ne fut employée.

Je n'ai rencontré que des lignes serrées de tirailleurs, des réserves bien massées ; les accidents du terrain furent peu utilisés et on ne tint pas assez compte de l'action du feu ennemi, et, cependant, il est dit, dans notre règlement militaire, comme dans les instructions pour le service en campagne, que la troupe doit être instruite de telle façon qu'elle n'ait rien à changer en temps de guerre, de ce qu'elle a appris en temps de paix. Mais la conduite de l'Artillerie allemande s'éloigne encore bien plus que celle de l'Infanterie, de tout ce que j'ai vu en Extrême-Orient. »

Quant aux manœuvres de 1906, les critiques qu'elles ont soulevées semblent refléter les impressions déjà produites les années précédentes :

« L'exécution de l'attaque de l'Infanterie nous a moins plu, écrit-on dans *La Danzeers Armee Zeitung*. Ici on ne peut pas nier une certaine raideur et un manque de souplesse, qui sont particuliers aux troupes. Le terrain aurait souvent demandé plus de plasticité dans les formations et une meilleure adaptation de celles-ci. Les attaques sont beaucoup trop rapidement décidées; mais il en est ainsi ailleurs et, comme on ne peut pas prolonger indéfiniment la manœuvre, on ne peut pas toujours empêcher cela; néanmoins, particulièrement dans les actions autour des positions fortifiées, on a beaucoup trop péché à ce point de vue. » (*France Militaire*, 2 novembre 1906.)

Enfin une opinion anglaise due à Monsieur HOWRAD-HEUSMANN et parue dans l'article de *L'United Service Magazine*, confirme les précédentes en disant :

« Les leçons que les correspondants étrangers peuvent tirer des manœuvres allemandes sont surtout de nature négative.

Les enseignements de la guerre des Boërs et de la guerre Russo-Japonaise, ont été manifestement peu pris en considération pour l'instruction de l'Infanterie Allemande. La vieille méthode consistant à marcher en avant, en masse, au combat est toujours d'un usage général et elle a été particulièrement frappante dans les attaques contre les positions fortifiées au deuxième jour de bataille.

Les efforts pour s'abriter n'existaient presque pas. Les Officiers, en particulier, péchaient gravement à ce point de vue. Les troupes s'exposaient à découvert en formations compactes au feu de l'Artillerie, sans faire la moindre tentative de diluer les formations ou d'utiliser les couverts naturels.

Sous le feu de l'Infanterie ennemie, les tirailleurs s'avançaient séparés par des intervalles qui nous paraissaient beaucoup trop petits, par rapport au terrain, et les couverts étaient absolument évités.

Il semble que dans l'Armée allemande, on se promet pour l'avenir du succès de la vieille méthode d'attaque brutale, plein de confiance qu'on est dans la croyance inébranlable au mépris de la mort et à l'enthousiasme des troupes. Il est à craindre que cela produise un méchant réveil. » (*France militaire*, 28 décembre 1906.)

Monsieur Pierre BAUDIN écrit en effet, dans *Le Journal* du 1er octobre 1905.

« Le combat moderne diffère sensiblement du combat d'autrefois. Les perfectionnements de l'Artillerie, les feux de l'Infanterie qui sont le moyen de destruction le plus puissant avec la poudre sans fumée et les trajectoires rectilignes demandent aux hommes plus de résistance morale, de sang-froid, de ténacité dans l'action. Il est admis que le commandement sera souvent obligé, ayant fait connaître son objectif, d'abandonner aux petites unités, aux Compagnies et même aux Sections, une grande initiative, un self-governement sous le feu.

Il faudra compter maintenant non plus avec l'obéissance passive, mécanique, mais avec l'esprit d'interprétation, l'intelligence active du combattant. Et d'autre part, demandant plus à l'intelligence, tenir un plus grand compte de l'effort escompté, de l'usure du système nerveux, limiter la présence sous le feu à la durée raisonnable de la résistance nerveuse. » (*Les fausses manœuvres.*)

« Les phénomènes de dépression psychophysique, ajoute le Général BONNAL, déjà constatés en 1870-71 et en 1877-78 chez les tirailleurs combattant à la distance des feux efficacés, ne pourront que s'acentuer dans l'avenir, avec la réduction du service actif et en raison de l'absence de fumée qui rend les objectifs peu visibles et fait que les balles arrivent souvent, on ne sait d'où. »

« En général l'effet moral produit ou subi par une troupe, nous dit le Lieutenant-Colonel OMÉGA, est le résultat d'un fait matériel, bien ou mal apprécié.

Lorsqu'un effet anormal est subi par les troupes, il amène le plus souvent chez elles une émotion considérable qui affaiblit leur moral ; lorsque, au contraire, elles ont conscience d'avoir produit cet effet sur l'ennemi, leur moral peut en être exalté, à tel point que la crainte de la mort disparaît pour elles et fait place au mépris complet du danger.

Les circonstances de guerre peuvent donc produire chez le soldat tantôt la confiance ou l'entraînement et tantôt la démoralisation.

La confiance résulte de la conviction qu'on a une certaine supériorité sur l'adversaire.

Lorsque la confiance est basée sur une supériorité réelle et permanente comme la valeur des armes, l'augmentation du nombre, le talent reconnu des supérieurs, l'habileté des troupes dans le tir, etc..., elle est d'un effet durable et produit les plus grands résultats.

Les actions les plus pénibles et les plus dangereuses s'éxécutent avec entrain sans hésitations ni murmures, parce qu'on croit avec raison à la réussite de l'opération projetée. . . . .
. . . .
. . . . . . Mais quels que soient la confiance et l'entraînement des troupes, il est des circonstances où ces vertus morales disparaissent pour faire place au trouble et à la démoralisation.

L'émotion dans le combat est une chose toute naturelle et il est peu de natures qui y échappent, surtout lorsqu'on va au feu pour la première fois, ce qui est le cas du plus grand nombre, s'il s'est écoulé un certain temps depuis la dernière guerre.

Il n'est donc pas étonnant que, sous l'empire de pertes trop grandes causées soit par le feu de l'Artillerie adverse, soit par la proximité de l'Infanterie ennemie, le soldat soit fortement émotionné : l'essentiel est que son trouble ne dégénère pas en démoralisation.

Habituellement, la démoralisation provient d'un effet matériel imprévu, quelquefois même insignifiant, dont elle est l'exagération : lorsqu'en effet on s'attend à un événement, l'effet physique qu'il produit peut être considérable, mais l'impression morale qu'il exerce est d'autant moindre qu'on était mieux préparé à le recevoir.

L'effet moral, au contraire, est d'autant plus grand que l'événement est plus imprévu ; c'est pour cela qu'à la guerre un mouvement tournant, une action hardie, un feu concentré, exécutés sur un point, démoralisent plus l'adversaire qu'un effet matériel considérable obtenu dans l'ensemble, mais plus faible en chaque point particulier et ne présentant aucun caractère anormal.

D'après cette définition, on voit qu'il est possible de prévenir la démoralisation du soldat en se garant des surprises matérielles qui pourraient lui donner naissance.

Ce précepte est indiqué dans XÉNOPHON : Quelque chose que ce soit, dit cet historien grec, agréable ou terrible, moins on l'a prévue plus elle cause de plaisir ou d'effroi ; cela ne se voit nulle part mieux qu'à la guerre où toute surprise frappe de terreur, ceux mêmes qui sont, de beaucoup les plus forts. »

Et c'est pour éviter cette surprise et la démoralisation fatale qui en est la conséquence, que le Colonel MARTINOV de l'Etat-Major Russe et membre de la commission historique, qui a publié la relation officielle de Plewna, écrivait dans son *Blocus de Plewna* relativement récent :

« D'une façon générale, il régnait dans l'Armée russe un engouement démesuré pour l'élément moral, comme l'on disait, et un dédain pour les facteurs matériels.

Il est indubitable que l'élévation de l'esprit de l'Armée est la meilleure garantie de son succès ; mais, d'un autre côté, il ne faut pas imposer aux troupes, même dans un but d'éducation, des idées fausses sur les conditions actuelles du combat.

Au contraire, il est indispensable de dévoiler d'avance toutes les difficultés que créent les nouveaux facteurs matériels, afin qu'au moment de la guerre, ces difficultés ne soient pas une surprise et afin que l'on puisse, en temps opportun, chercher des procédés pour les surmonter. »

Le Commandant FERRY, conclut maintenant dans *Un Règlement moderne* :

« Celui qui pourrait d'un seul regard embrasser l'étendue et la profondeur d'un champ de bataille aurait l'impression d'un dispositif sans aucune harmonie.

Celle-ci est dans les esprits et dans les cœurs, non dans les formes.

Le caractère de ces formes est leur infinie variété. Face à l'ennemi, les groupes les plus avancés vont être obligés d'ouvrir le feu des derniers couverts qu'ils ont pu atteindre : crêtes, bois, boqueteaux, lieux habités, hautes cultures…, etc… ; ici, terrés et rempants, là, à demi-courbés derrière un pan de muraille ou accroupis sur la berge d'un ruisseau, serrés sur ce terrain, poussière d'hommes sur cet autre, ils forment des zigzags, des saillants, des rentrants, tout un jeu de figures sans symétrie, sans ordonnance géométrique et qui n'a plus rien de commun avec l'ancienne ligne de tirailleurs.

En arrière et à des distances variables, ce sont les renforts groupés en une répartition et des formations tout aussi disparates, se dissimulant, obéissant aux injonctions du terrain. Plus en arrière encore, les groupes de manœuvre et ceux de réserve sont rassemblés ou se portent en avant, respectant eux aussi les cheminements et les couverts.

Le terrain apparaît bien comme le précieux auxiliaire du mouvement et de la manœuvre. Son utilisation sera aussi nécessaire pour celles des troupes qui auront à prendre temporairement une attitude de défensive agressive.

Dans l'un et l'autre cas, il ne sera pas le but, mais celui qui peut mener au but.

Un cheminement ne sert à rien s'il ne répond pas à l'objectif fixé; une mise en état de défense, méthodique ou sommaire, d'un point d'appui doit être tout aussi justifiée; si elle ne l'est pas, « elle impose aux troupes, une fatigue inutile, et peut, à un certain moment, les retenir sur une position, qu'il n'y a plus intérêt à occuper ». « Il en est, disent les Allemands, d'une position comme d'un habit qui n'a de valeur que s'il va bien à celui qui doit le porter ».

Pour donner aux hommes et aux cadres une idée de la valeur des moindres abris, il suffirait de créer en arrière des cibles objectifs de petits obstacles : ressauts de terrain, éléments de tranchées, etc..., derrière lesquels pendant toute la durée du tir, seraient placées des silhouettes d'hommes à genoux ou couchés; à la fin de la séance, la fraction qui aurait tiré pourrait aller constater que les silhouettes ainsi disposées étaient complètement abritées ou à peu près.

La table de défilement du fusil Mauser 1889, sensiblement égale à celle de notre fusil 1886 tirant la cartouche 86^m, donne la valeur des zones défilées de 0 à 2.000 mètres, pour des obstacles de 0^{m}25 à 1 mètre et qu'il est intéressant de connaître, car elle prouve déjà qu'à toutes les distances le moindre relief suffit pour abriter une fraction en ligne.

Contre les trajectoires plus tendues fournies par la balle D ou par la balle S, sortant de la bouche d'un fusil ou d'une mitrailleuse, la protection des mêmmes reliefs serait encore plus grande

à   100 mètres, pour relief de 0^{m}25   zone   défilée 140^m.
     500   —   —   —   16.70
    1000   —   —   —   4.40
    2000   —   —   —   0.20

à 100 mètres, pour relief de 0^m50 zone défilée 260^m20
500   —   —   —   33.30
1000   —   —   —   8.80
2000   —   —   —   1.80
à 100 mètres, pour relief de 1 mètre   zone défilée 450^m
500   —   —   — 115^m
1000   —   —   — 18^m
2000   —   —   — 4^m

Conduite et Discipline du Feu.

La nécessité de l'utilisation de l'appui naturel ou improvisé, pour faire rendre au fusil son maximum d'effet utile sur l'objectif visé, découlera naturellement des différences entre les résultats des tirs faits, dans les mêmes conditions de temps, à bras francs et sur appui et constatés par les tireurs, toutes les fois que l'occasion s'en présentera.

« Le tir sur appui, dit le Règlement belge d'octobre 1904, est moins fatigant et plus sûr que le tir à bras francs; il donne à l'homme une très grande confiance dans son arme.

« Aussi l'instructeur a-t-il soin d'insister sur la nécessité, en toutes circonstances, de tirer le meilleur parti des appuis quels qu'ils soient, tant pour le corps que pour l'arme ».

« L'homme doit savoir de la théorie du tir, ajoute le Règlement allemand, ce dont il a besoin pour l'emploi judicieux de son arme. Il ne s'agit pas de le mettre à même de répéter des explications théoriques; mais de lui faire comprendre ce qui a, pour lui, de l'importance ».

L'importance de cette instruction pratique ne découle-t-elle pas encore des critiques qui ont suivi l'exécution des grandes manœuvres d'armée en Champagne et qui nous disent :

« Si l'utilisation de l'arme laisse à désirer, l'utilisation du terrain est aussi fort défectueuse, en dépit de réels progrès.

On voit encore des troupes rester debout. L'Infanterie commence à comprendre l'intérêt qu'il y a; à ne pas se montrer, intérêt double : puisque d'une part, on n'attire pas les coups et que, d'autre part, on se ménage la possibilité de surprendre son adversvire. Il n'en reste pas moins que des fautes de détail sont commises à chaque instant.

Ici, c'est une Section que son chef arrête, en plein champ, alors qu'en se portant d'une dizaine de mètres en avant, il aurait pu abriter tout son monde, par petits paquets derrière des tas de foin. Là ce sont huit hommes qui tirent debout, ayant à quelques pas d'eux un arbre et un rouleau de fer qui leur offraient d'excellents couverts.

Ailleurs, c'est une patrouille qui s'arrête à proximité d'un buisson sans profiter de ce masque. Plus fort encore, j'ai vu une section placée derrière un ressaut de terrain, le long de la route de Châlons, elle était, on ne peut mieux, découvrant tout le terrain en avant. Son chef la fit pourtant sortir de là, je ne sais pourquoi; il la fit partir sur la crête et la laissa tirer debout.

Le 18, sur la croupe dont j'ai parlé tout à l'heure, entre le Meldançon et le Ravet, il y avait, ai-je dit, de l'Infanterie (4ᵉ de ligne), dans des tranchées fort soigneusement faites.

Aucun des hommes placés dans l'excavation n'appuya son fusil à la crête du parapet, pas plus les réservistes que les hommes de l'active, pas plus les gradés que les simples soldats ». Capitaine Émilien BALEDYER (*Revue Suisse,* Novembre 1905. *Aux Grandes Manœuvres d'Armée en Champagne*).

L'utilisation de l'appui est cependant des plus importantes à la guerre, puisque c'est le plus sûr moyen d'assurer la discipline du feu « qui fait porter l'effet le plus destructif sur l'objectif du feu, et non pas au hasard sur des forces placées en arrière . . . .

La tension de la trajectoire est un des éléments les plus précieux d'une arme de guerre, car elle dispense, aux petites distances, de changer la hausse sur un objectif qui se meut, mais c'est un avantage qui a ses dangers avec des troupes peu exercées ou fortement émotionnées en présence de l'ennemi, car elle augmente la facilité de tirer trop haut, défaut excessivement commun à la guerre. » (Lieutenant-Colonel OMÉGA, *L'art de combattre*.)

Le Général PAQUIÉ nous dit en effet :

« L'habileté des tireurs est fragile à la guerre, elle

s'évanouit avec le sang-froid, tandis que la supériorité, due au terrain, quand on sait la mettre dans son jeu, reste constante pendant toute la durée de l'action par le feu. »

Et le Général LIBERMANN de conclure :

« L'efficacité du tir dépend de l'état moral des tireurs, de leur habileté au tir et de la conformation du terrain.....

Au combat de Spickeren (6 août 1870), un peu après 5 heures de l'après-midi, les Allemands, de plus en plus nombreux, étaient maîtres du saillant Nord de l'éperon dit Rother-Berg et de la lisière sud du Gifert-Vald.

Une partie de la 3ᵉ Division (Laveaucoupet) du 2ᵉ Corps français se rallia en face d'eux au nombre de 1200 à 1500 hommes, en une chaîne assez dense sur deux et trois rangs.

Ces hommes, couchés sur la croupe du calvaire de Spickeren, dominaient légèrement par une pente très douce la lisière sud du Gifert-Vald et l'éperon du Rother-Berg, occupés par l'Infanterie allemande, à une distance variant de 150 à 300 mètres ; et ils arrêtèrent complètement, jus qu'à neuf heures du soir, moment où fut donné l'ordre de la retraite, les progrès des Allemands (9000 hommes environ) qui leur faisait face et ils les empêchèrent de déboucher par l'efficacité de leur feu.

Cette efficacité provenait de ce que les défenseurs, en appuyant leur fusil sur ce glacis en pente douce, couvraient le terrain d'une nappe de balles rasantes, tandis que les projectiles des assaillants passaient au-dessus de leur tête. »

Le terrain s'affirme donc bien « comme un collaborateur indispensable et souvent tyrannique du chef dont la tâche est compliquée par cette dépendance ». Commandant de GRANDMAISON.

Il a d'ailleurs été démontré scientifiquement par le Commandant breveté DEGOT dans une étude psycho-physiologique *Le tir en temps de paix et en temps de guerre* que :

1° « L'immobilité absolue du corps pendant le tir est irréalisable ;

2° L'immobilité absolue de l'arme à l'épaule est irréalisable. »

C'est donc une raison de plus pour demander à l'appui terrain la discipline sévère du feu, qu'il est difficile d'obtenir dans le tir à bras francs.

Mais si l'utilisation de l'appui est le fait du tireur, le

choix de l'emplacement général du groupe, de la « position » de tir, enfin, incombe au chef de l'unité de tir considérée.

« Le chef doit s'efforcer d'obtenir le rendement maximum du feu par une judicieuse coordination des efforts et de restreindre au minimum les pertes de sa troupe par une adaptation convenable des formations aux circonstances et au terrain. . . . .

Le rôle du chef a une importance capitale : il consiste à faire produire aux qualités des tireurs, réunis en groupe, le maximum d'effet utile. » (*Règlement sur le tir du 31 Août 1905.*)

Et l'effet maximum ne sera produit que par l'exploitation complète et judicieuse par le chef, des avantages du terrain, « Le Maître des Maîtres », comme l'appelait déjà le Maréchal BUGEAUD.

Si le choix des mauvais emplacements de combat est sans conséquence sur l'issue d'une manœuvre, en guerre, il en sera bien autrement, comme le prouve le fait signalé par le Général LANGLOIS dans *Enseignements de deux guerres récentes. — Deuxième bataille de Plewna. Attaque contre le front Sud.*

« Les ouvrages Nᵒˢ 1 et 2, servent d'objectif à l'attaque.

Sur la redoute Nᵒ 1, on lance trois bataillons du 126ᵉ Régiment, qui, après avoir débouché de la crête dans les intervalles entre les pièces, descendent le glacis, sans trop de pertes; après un feu de courte durée dans le fond du ravin de Soulouklia, l'Infanterie fait un bond, qui l'amène au pied des pentes, où elle se trouve en angle mort; elle peut ainsi se rassembler et envelopper de trois côtés la redoute qui tombe en son pouvoir. »

Ce rassemblement, à l'abri des feux de la défense, est en outre la preuve qu'il faut bien se garder de généraliser l'opinion émise par le capitaine SOLOVIEF dans *Le combat de l'Infanterie dans la guerre Russo-Japonaise, Revue Militaire des Armées étrangères,* Janvier 1906, que :

« Même les crêtes de terrain et les mamelons, dans la zone d'efficacité du feu de l'Infanterie, ne mettent pas à l'abri des balles », car il y aura toujours zone défilée, angle mort derrière le mamelon ou la crête, quand l'angle de chute de la trajectoire, effleurant le sommet de l'obstacle, sera inférieur à la pente du terrain considéré.

Les critiques des grandes manœuvres d'armée en Champagne nous en donnent une deuxième preuve en disant des tranchées considérées plus haut, mal placées et par suite mal occupées, qu'elles étaient tracées « de telle façon que, lorsqu'on était dedans, on ne pouvait voir le fond de la vallée, alors qu'on l'apercevait facilement en étant debout. »

Il est évident, ajoute le Capitaine Emilien BALEDYER, que c'est par erreur que leur emplacement avait été ainsi choisi, laissant un angle mort considérable, et que ce n'était nullement de parti pris et pour obéir aux « nouveaux principes » préconisés par le Commandant PIARRON de Montdésir.

Par contre, nous allons voir maintenant les difficultés que rencontre une attaque pour se mouvoir sur un terrain complètement balayé par les balles adverses.

« L'attaque de la redoute N° 2, poursuit le Général LANGLOIS, conduite par deux Bataillons du 125e Régiment, débouche de la crête par l'ouest de Radichevo ; sa marche est pénible car, arrivée au pied des pentes remontant vers l'ouvrage, elle ne trouve pas d'angle mort pour s'abriter ; soumise aux feux de face de la redoute attaquée, et exposée aux feu de flancs de l'ouvrage N° 3, l'Infanterie souffre beaucoup. »

Cette dernière utilisation complète du feu ne justifie-t-elle pas pour toute position bien organisée l'idée exprimée par le Commandant breveté THOMAS de COLLIGNY dans *L'Infanterie au Combat — Conseils à mon Bataillon* :

« Préparer l'occupation de la position non pas comme c'est l'habitude invétérée, détestable, dangereuse par le coude à coude dans les compagnies, mais au contraire sur toute l'étendue du front attribué à chaque Compagnie, par la répartition d'unités groupées (autant que possible par Section), séparées par des intervalles plus ou moins grands et placées de telle sorte, condition essentielle, qu'elles puissent battre efficacement de leurs feux le terrain d'approche. »

Le Général KESSLER nous dit, en effet, dans *Tactique des trois armes* :

« La rigidité des formations n'est plus nécessaire et on

peut remarquer que l'augmentation continue de la justesse et de la portée des armes doit avoir pour conséquence une augmentation correspondante dans la liberté de manœuvre des unités de combat.

Il y a un siècle, une troupe d'Infanterie armée de fusils, dont la portée ne dépassait pas 100 mètres, était obligée de combattre alignée et rigide, maintenant avec soin le coude à coude de tous ses éléments ; un intervalle de 500 à 600 mètres, qui aurait interrompu la ligne, aurait permis à un ennemi entreprenant de se glisser dans cet intervalle et de manœuvrer pour battre successivement les deux tronçons de la ligne, hors d'état de se prêter, par le feu, un mutuel appui.

Avec des armes dont la portée efficace atteint 2000 mètres, une telle manœuvre n'est plus possible ; ce n'est qu'aux grandes manœuvres qu'on peut se permettre des fantaisies de ce genre.

On peut en conclure qu'il n'y a pas inconvénient à étendre jusqu'aux environs de la portée maxima des armes, les intervalles qui séparent les grosses unités d'une troupe, sous condition que les intervalles seront surveillés par des éclaireurs postés de telle sorte qu'aucune troupe ennemie ne puisse se glisser inaperçue par les plis de terrain des intervalles ».

« On tient un point avec des balles et non pas seulement avec des baïonnettes. » (Lieutenant MONDEIL).

En un mot, éviter les angles morts dans la conduite et l'emploi du feu; les rechercher pour faciliter la marche et le stationnement sous le feu et faire dès le temps de paix des exercices appropriés pour se donner au combat toutes les chances de succès.

Les exercices du bataillon auquel nous avons l'honneur d'appartenir, dirigés dans ce sens, sont là pour prouver, par les discussions intéressantes qu'ils soulèvent, tout l'intérêt qu'il y aurait à les généraliser et à en faciliter la préparation, en encourageant dans toutes les unités l'emploi de l'appareil Mille ou d'un similaire pour trancher les différends concernant le terrain.

Mais dira-t-on, peut-être, la guerre n'est faite que de circonstances d'exception. Aussi le Maréchal BUGEAUD de répondre :

« Si l'on n'a pas de principes arrêtés, on se conduira mal suivant les circonstances. »

Puis le Général Lamiraut de conclure :

« C'est à une interprétation rationnelle des principes et au développement de l'esprit d'initiative et de réflexion qu'il faut s'efforcer d'habituer les Officiers, plutôt que de leur imposer telle ou telle formation nouvelle qui ne saurait, qu'on qu'on fasse, s'appliquer à tous les cas.

La guerre se compose de circonstances d'exception.

On fait pour le mieux, ne pouvant jamais savoir si on fait bien. »

Considérations sur le Terrain.

« On lit le terrain tout aussi peu que par le passé et tout aussi mal, nous dit le Commandant Manceau dans *La lecture du terrain*. . . . .

Il est bien peu de gens qui se donnent la peine de l'étudier. . . . . Le coup d'œil du Caporal et celui du Général en chef portent sur des objets différents ; le regard du chef d'escouade n'a pas à embrasser un champ bien vaste, tandis que le stratège doit envisager de larges espaces ; chacun d'eux, au surplus, doit procéder à des investigations de nature tout autre.

La topographie n'est pas une, il en est de plusieurs sortes.

Quand un cultivateur et un ingénieur parcourent la campagne, ils y regardent chacun ce qui les intéresse : celui-ci, la viabilité, celui-là, la production du sol.

Le géomètre arpenteur, le touriste, l'Officier d'Etat-Major et l'Officier de troupe, le stratégiste et le tacticien doivent considérer le terrain par le côté spécial que leur spécialité est appelée à utiliser.

C'est donc à tort que l'on enseigne aux Généraux, aux Capitaines, aux Sous-Officiers, exactement la même topographie, en se bornant simplement à en varier la dose.

Selon la catégorie de gens à laquelle on a affaire, c'est la nature même de cette science qu'il faut modifier plus que sa quantité ».

Le Général **MAILLARD**, écrit, en outre, dans *Eléments de la Guerre :*

« Les considérations générales exposées dans les divers traités de tactique sur les divers terrains plats, couverts, accidentés, coupés, ... nous paraissent être une série de définition sans portée pratique.

La difficulté ne consiste pas, en effet, dans la recherche des propriétés du sol, mais dans leur utilisation, à un moment donné . . . . Constituant par elle-même une science, la topographie n'a aucun rapport avec la tactique ; l'expérience prouve d'ailleurs que l'on peut s'être adonné à la topographie toute sa vie et n'avoir aucune idée de l'emploi du terrain par les troupes ; quelque habile que soit un topographe, s'il ignore les effets des armes, il ne saura pas utiliser les propriétés du sol au point de vue du tir. »

Aussi le Général **BONNAL** d'ajouter :

« L'Officier qui dirige une troupe d'Infanterie au combat de front doit connaître assez les propriétés du fusil et l'influence de la forme de la trajectoire sur la tension du tir, d'après la forme du terrain, pour choisir sciemment les emplacements qui lui permettront d'obtenir, contre un objectif déterminé, le maximum d'effet utile.

Cette considération de l'efficacité du feu n'absorbera pas toutes les autres et ne prendra la première place dans l'esprit du Chef que lorsque le choix de l'emplacement ne sera pas en discussion avec les conditions de l'ensemble. »

On se bat sur la terre ferme, continue le Général **MAILLARD** ; les deux éléments, terrain et combattants, sont inséparables l'un de l'autre ; le coup d'œil consiste à saisir rapidement le rapport entre le terrain et l'emploi des troupes avec leurs armes.

Nous ne contestons pas l'importance de la topographie ; nous disons que, considérée isolément, elle est étrangère à la notion de la guerre, mais que mise au service de la tactique, la science mère, selon **GUIBERT**, elle rend des services.

Aussi pensons-nous que, pour donner une sanction à la connaissance de la topographie et développer le coup d'œil des Officiers, il faut procéder à l'étude du terrain avec une idée tactique ; le site entrevu dans une promenade est vite oublié ; on garde un souvenir ineffaçable d'une région dans laquelle on a manœuvré : les fissures du sol, les ondulations ne sont aperçues qu'avec une idée tactique ; sans troupes ou sans l'hypothèse d'adversaires en présence, le terrain n'offre aucun intérêt. Il présente des ravins, des bois, des villages, des routes, sans qu'il en résulte une idée d'utilisation, qui ne peut être que la conséquence de l'action des vues ou des feux de l'ennemi. Avec des troupes, au contraire, à mouvoir, à dissimuler, à faire combattre, le sol parle. Il se moule en relief. Tout ressort : les accidents, les localités, les voies de communication.

En dernière analyse, un terrain change d'aspect avec le point de vue auquel on se place pour l'examiner. Une situation tactique détermine un point de vue et précise le sens dans lequel il faut considérer le terrain.

Les applications tactiques sont le moyen et le seul de développer le sentiment du terrain en vue de la guerre. »

« Le terrain, dit Clausewitz, exerce une influence directe et continue sur les opérations militaires.

Cette influence est très décisive en ce qui concerne le combat ; elle agit sur les préliminaires qui servent à le préparer et s'exerce pendant toute sa durée.

Le terrain influe sur la guerre par trois de ses propriétés qui sont :

Offrir des obstacles au mouvement ;

Borner la vue ;

Fournir des abris contre les effets du feu » « qui valent la peine d'être étudiés, affirme le Général Paquié, et ce n'est pas l'étude des guerres du passé, qui peut nous renseigner à ce sujet, car à mesure que le fusil se perfectionne les propriétés du terrain se modifient. »

« Monsieur le Colonel Bonnal, professeur du cours d'histoire Militaire, de stratégie et de tactique générale à l'Ecole supérieure de guerre, rapporte dans *Frœschwiller*, que deux batteries bavaroises établies sur une croupe au sud de Laugensoultzbach furent obligées de battre en retraite précipitamment devant le feu rasant de notre Infanterie. Ces troupes françaises qui s'étaient établies au Nord-Est du bois de Frœschwiller visaient le bord du plateau ennemi sans se douter évidemment que leur tir produirait d'aussi foudroyants effets de rasance sur les pentes en arrière. » (Tir de l'Infanterie à grandes distances. — La rasance des terrains avec le clipsomètre, Lieutenant d'ANDRÉ.)

Le tir incliné, ajoute en effet le Général, n'était même pas soupçonné, en ce temps-là, par les Officiers d'Infanterie les plus au courant des questions de tir.

« Et M. le Commandant ROUSSET, professeur à l'Ecole supérieure, constate, dans son cours de tactique appliquée d'Infanterie, en faisant un profil du terrain et de la trajectoire, qu'à l'heure actuelle les défenseurs du bois de Frœschwiller ne pourraient plus atteindre les batteries Allemandes au sommet du plateau visé, car la trajectoire qui raserait la crête militaire de ce plateau laisserait en arrière, une zone défilée de plus de 1200 mètres. » Lieutenant d'ANDRÉ.

Quelle zone défilée procurerait aujourd'hui, sur le même terrain, l'étude du profil fourni par les trajectoires actuelles et peut-on croire qu'en raison des effectifs considérables en présence dans une bataille et de l'échelonnement en profondeur, les soutiens, les renforts, les réserves ne seront pas très souvent exposés ?

La tension de la trajectoire aura de plus, pour effet, d'augmenter la densité des groupements fichants dûs à une même fraction de tir, et dont le nombre sera souvent réduit à l'unité, dans le cas des balles tirées par la mitrailleuse.

Ce sera bien là le déluge véritable considéré par certains auteurs lorsque ces groupements s'abattront sur des formations compactes, imprudentes, ignorant que « la marche à couvert des vues ne met pas à l'abri des coups. » Général KESSLER.

Le Général MAILLARD conclut enfin :

« Pour comprendre et utiliser les diverses propriétés du terrain, il faut :

1° La connaissance complète des propriétés des trois armes sous le rapport du mouvement, des feux, de leur mode d'action en général.

2° La notion exacte du combat.

3° Une situation définie.

. . . .

Nier la valeur du terrain serait aller contre l'évidence ;

le terrain est l'arène des troupes, le sol sur lequel elles ont à vivre, à stationner, à combattre ; on comprend donc que l'activité militaire doit se ressentir des ressources de toute sorte qu'offre le théâtre de la guerre, des facilités de parcours ou des obstacles à la marche des accidents qui dissimulent ou protègent les rassemblements des troupes contre les vues ou les effets du feu.

On a appelé le terrain une quatrième arme ; nous ajouterons que le maniement de cette arme exige une longue préparation, du coup d'œil et présente des difficultés inattendues.

L'emploi des troupes ne peut se concevoir en dehors du terrain ; celui-ci intervient donc comme véritable agent d'exécution, qu'il faut prendre tel qu'il est et dont il faut tirer parti quand même. »

Le général LANGLOIS ne dit-il pas d'ailleurs également, aujourd'hui, dans *Enseignements de deux guerres récentes* :

« A l'époque actuelle, avec les bras, les outils et le fusil dont il dispose, l'assaillant se crée promptement des points d'appui, aussi solides que ceux de la défense, et acquiert alors tous les avantages de la fortification, dont seule la défense profitait jusqu'ici.

Ce fait accroît l'importance des outils pour les troupes d'Infanterie et aussi l'importance de la solidarité de tous avec la quatrième arme, le génie. »

« Mais on doit s'élever, continue le Général MAILLARD, contre la théorie qui attribue au terrain une vertu particulière, permettant d'atteindre le but de la guerre ; on rapporte que le Maréchal BAZAINE aurait répondu, le 18 Août, aux Officiers qui l'informaient de l'attaque des corps français sur le plateau d'Amanvillers : « Ils ont de bonnes positions, qu'ils les gardent ! »

Une semblable conception de la guerre est radicalement fausse. . . . . conserver une position, n'est pas battre l'ennemi.

« La perte ou le gain du terrain n'est qu'une conséquence naturelle du résultat obtenu ou subi, un signe matériel de la victoire ou de la défaite, mais non cette victoire ou cette défaite elle-même. »

Le refoulement de l'ennemi, puis sa destruction.

. . . . . . voilà le but à atteindre, l'idée maîtresse de la guerre (Général MAILLARD.)

Et « le premier principe de la guerre, en stratégie comme en tactique, consiste à amener des forces supérieures sur le point, faible de l'adversaire. » (Général PAQUIÉ.)

« La stratégie amène les masses, les grandes armées sur le théâtre d'opérations, vaste ensemble géographique, où les partis adverses se rencontreront pour se combattre ; une fois à proximité, une fois en présence, au contact, ces masses entameront la lutte ; la bataille se développera et se poursuivra d'après les principes tactiques auxquels la stratégie n'a plus rien à voir. »

« La stratégie prépare les batailles et laisse à la tactique le soin de les gagner. » (Archiduc CHARLES.)

La première partie des opérations est donc l'affaire exclusive du haut commandement ; quant au succès de la bataille, il dépendra de la convergence des efforts de tous les exécutants.

Cependant, pour bien jouer son rôle dans le combat, il faut connaître toute la pièce, il faut savoir la manière d'opérer des autres armes et en particulier de l'Artillerie avec laquelle l'Infanterie sera toujours en liaison ; mais « l'action combinée des trois armes ne s'obtient pas à volonté comme d'une machine ; elle exige, chez chaque Officier un degré d'instruction tactique tel, que son application demande un corps d'Officiers arrivé tout entier au plus haut degré d'instruction militaire. »

Le Général BONNAL dit, en effet, dans *La prochaine guerre*, au sujet du Testament du Général KOUROPATKINE :

« Sous le rapport intellectuel, il cite : La grande diversité dans l'instruction des troupes, l'insuffisance de leur préparation tactique, la reconnaissance trop sommaire de l'ennemi avant l'engagement, lequel se produit avec des fractions beaucoup trop petites et prend par suite une allure hésitante, surtout dans l'offensive, enfin le manque d'initiative des chefs en sous-ordre » qui consiste, ajoute le Lieutenant-Colonel OMÉGA, à mettre, dans l'exécution des ordres, au lieu de l'obéissance passive, un concours actif qui en assure la réussite et lorsque, par suite de circonstances de guerre, le but à atteindre est modifié, à ne pas attendre de nouveaux ordres pour sortir de l'inaction où l'on se trouve, afin d'obtenir le résultat ordonné par des moyens quelquefois différents des indications primitives. »

« Tous ces défauts, ajoute le Général, sont imputables à l'incapacité de la majorité des Officiers, faite d'ignorance et de paresse, comme aussi à l'insouciance du haut commandement.

Les règlements de manœuvres des troupes de toutes armes des Russes ne sont pas inférieurs à ceux des autres nations européennes, mais les chefs chargés de leur application n'en comprennent pas l'esprit, faute de culture intellectuelle.

De ces diverses lacunes, l'insuffisance de la préparation tactique est la plus grave.

On la constate non seulement en Russie, mais encore, à un degré variable, dans d'autres pays, car elle est longue et difficile à acquérir. » (Général Bonnal.)

« La tactique, d'une façon générale, est l'art de disposer, de faire mouvoir et combattre les troupes sur le champ de bataille. C'est elle, dit le Général Pelet, qui gagne les batailles et exerce par elle une influence directe sur le sort des Etats. »

« L'art d'engager les troupes, ajoute le Maréchal Bugeaud, a une puissante influence sur le sort des combats ; c'est lui qui couronne du succès les bonnes dispositions générales, il répare fort souvent ce qu'elles ont de vicieux. »

Enfin le Général Kessler nous dit dans *La Patrie menacée* :

« Dans toute action de guerre, c'est l'Infanterie qui joue le rôle principal ; c'est le succès de l'Infanterie qui donne la *Victoire*. »

Conclusion.

Il ne nous reste donc plus, à nous autres exécutants, qu'à connaître parfaitement notre rôle et celui de l'unité tactique dont nous ferons partie, mais surtout savoir nous servir de nos armes et conduire nos soldats ; les deux parties principales de notre instruction militaire sont donc bien : la conduite du feu et la conduite de notre troupe sous le feu, au sujet de laquelle le Général LANGLOIS s'exprimait encore tout dernièrement au Sénat :

« Les exercices qui ont pour objet d'enseigner aux troupes la manœuvre capitale, celle de l'approche des positions ennemies sous le feu, ne peuvent se faire utilement qu'en terrain varié. Aussi deviennent-ils rapidement illusoires quand ils se font toujours sur les mêmes terrains. Il faudra utiliser nos anciens camps d'instruction qui sont vides la plupart du temps. » (*France Militaire du 19 janvier 1907. — Le Budget de la guerre.*)

« Toutes les théories et les cours d'Art militaire apprennent peu de choses, ajoute le Général PHILEBERT ; allons dans les champs avec la troupe et des cartouches, battons-nous tous les jours . . . . Faisons la guerre tous les jours pour apprendre à faire la guerre. »

Puis le Général LANGLOIS nous dit, enfin, dans *Enseignements de deux guerres récentes* d'une part, et dans *Les Manœuvres du IVe corps d'Armée*. — Revue Militaire Suisse de Décembre 1906 :

« Il serait désirable de voir nos thèmes considérer plus souvent les unités encadrées dans un tout. La manœuvre serait plus instructive pour les troupes et nous ne verrions pas des chefs de parti, d'un grade parfois peu élevé, faire uniquement de la haute stratégie, ce dont ils ne trouveront jamais l'occasion dans la guerre nationale. Autrement dit, nous étudions le combat et non la bataille et nous en tirons des notions inexactes, des conclusions fausses. » (*Enseignements de deux guerres récentes.*)

« Une première remarque importante, ajoute le Général dans sa critique des manœuvres suisses, s'impose à nos réflexions. Les troupes qui exécutent la manœuvre, bien que comportant de grosses unités, divisions ou corps d'Armée, font partie d'un tout, d'une armée.

Cette méthode est excellente, aussi bien aux grandes manœuvres, que dans les exercices des petites unités, jusqu'à la compagnie inclusivement.

En effet, lorsque deux détachements opposés sont supposés isolés, chacun des chefs de parti a tout son esprit absorbé par le problème stratégique : Attaquera-t-il de front, tournera-t-il par la droite ou par la gauche?

Après l'exercice, la critique porte presque uniquement sur la solution stratégique adoptée, au grand détriment de l'instruction des troupes en vue de la bataille.

C'est la bataille que nous devons principalement envisager, et, dans la bataille, les Généraux de Division, les Commandants de corps d'Armée n'auront que très exceptionnellement un problème stratégique à résoudre. L'emploi tactique de leurs troupes est le principal pour eux et c'est sur cet emploi judicieux que doit porter le premier effort du haut commandement.

La stratégie s'étudie plus spécialement dans les exercices sur la carte et dans les voyages d'Etat-Major.

Eh bien, de tous les thèmes de manœuvre qu'a publié la *France Militaire* en 1905, je n'ai vu que dans une seule brigade considérer les deux partis encadrés chacun dans un ensemble faisant partie de la bataille.

On ne peut considérer, en effet, comme encadrées des avant-gardes ou des flanc-gardes, rattachées, il est vrai, à l'origine, à une grosse unité, mais restant isolées pendant toute une journée d'exercice, sans que l'action du gros se fasse sentir par une hypothèse quelconque.

On ne fait que de la haute stratégie !

Il importe que ce fâcheux errement disparaisse chez nous; faut-il donc passer la frontière pour prendre une leçon à cet égard? »

A. PETIT.

Saintes, Mars 1907.

Le Mans. — Imprimerie MONNOYER. — 1918.

De la nécessité de l'unité de Doctrine.

Le Tir de guerre, le Tir selon le terrain, le tirailleur, le Chef de groupe, l'Etat-major.

Commentaires des règlements appuyés sur les guerres récentes à l'usage des Sociétés de tir, des Candidats au Brevet d'aptitude, des Candidats chefs de Section, des Officiers de complément.

DU MEME AUTEUR

Le Chef de Section, conducteur du feu et conducteur de sa troupe sous le feu.

Instruction pratique des Cadres actifs et de complément. Sa nécessité, sa possibilité, moyen d'étude.

TABLE DES MATIÈRES

IMPORTANCE DE LA PRÉPARATION DES CADRES.

Rôle du chef de section. Influence de l'étude du tir sur les qualités manœuvrières du chef de section. Prépondérance de l'action du chef sur l'efficacité des feux de groupe. Education morale. Nécessité des exercices pratiques.

Conduite du feu. Appréciation des distances. Groupement collectif. Influence du commandement des tireurs sur la profondeur du terrain battu. Limite minima des pentes appréciables. Nécessité de l'appréciation exacte des distances.

Profondeur du groupement sur un terrain parallèle à la ligne de mire. Limite minima des pentes à considérer. Profondeur du groupement sur un terrain à pente ascendante de 0^m25.

Différents moyens d'appréciation des distances. Impossibilité du réglage.

Appréciation des pentes. Effets d'un tir en terrain à pente ascendante. Tir sur un terrain incliné au-dessous de la ligne de mire. Valeur des angles de chute, des trajectoires de 0 à 2000 mètres. Effets de rasance. Tir sur un plateau. Moyen pratique d'appréciation des pentes.

Conduite des troupes sous le feu.

Effets des feux sur les troupes en arrière de la ligne de combat (Guerre de 1870). Marche de la section dans la zone des feux d'infanterie. Opinions sur les formations de l'avenir. Nécessité de l'initiative préconisée par les règlements.

Méthode d'instruction. Progression des exercices. Croquis explicatif au $\frac{1}{2000}$.

www.ingramcontent.com/pod-product-compliance
Lightning Source LLC
LaVergne TN
LVHW020102070726
842525LV00018B/1580